Naiem Ahmadinejadfarsangi

Amour inconditionnel

Naiem Ahmadinejadfarsangi

Amour inconditionnel

Le livre sélectionné du festival est une belle vie

Éditions Muse

Cover image: www.ingimage.com

Publisher:
Éditions Muse
is a trademark of
Dodo Books Indian Ocean Ltd. and OmniScriptum S.R.L publishing group

120 High Road, East Finchley, London, N2 9ED, United Kingdom
Str. Armeneasca 28/1, office 1, Chisinau MD-2012, Republic of Moldova, Europe
Printed at: see last page
ISBN: 978-620-4-96562-8

amour inconditionnel

Naiem Ahmadinejadfarsangi

Table of Contents

D'abord

Les oiseaux soupirent

Les fleurs versent des larmes froides en se souvenant des jours passés

La lune pâle pleure amèrement

Malheureusement, le ciel pleurait en silence

Je sais que le ciel pleure silencieusement pour lui

pour moi

il partait

Il allait en silence

Attendez, commençons par le début

Mais il n'a pas crié

il est retourné

Je voulais crier pour l'amour de Dieu, pardonne-moi

Je n'ai pas crié, je n'ai pas crié

Il allait en silence

Je voulais qu'elle soit noble et élégante

Maintenant il y a une profonde tristesse dans mon âme

Elle était fière et belle et j'étais timide et moche

Comme notre sort était triste

Si nous étions tous les deux pareils, il m'aimerait d'un amour unique

Et je pourrais l'aimer si Dieu m'avait fait belle et lui laid.

Deuxième

Dans une mer de doutes

Tourbillon d'idées

Je revis toutes mes joies

Et je pense à ma tristesse

Mon passé est flou

Un souvenir vide de sens

Mon humeur est belle

Et parfois c'est drôle

je suis comme un arbre

Grand et feuillu

je suis un arbre

Compliqué et mystérieux .

Troisième

Ma passion est incontrôlable.

Je veux me réfugier sous tes baisers

Sous l'odeur, sous l'aile, sous l'instinct.

Mais quand une petite lumière passe par ma fenêtre

et force mes yeux à se réveiller

Il m'a glissé entre les doigts

Un rêve qui ne fait pas la distinction entre fantasme et réalité.

Vous saviez déjà ! Que mon cœur marchait avec les étoiles, dans l'aube lente et les rêves inachevés d'une vie nouvelle et innocente.

Vous saviez déjà ! Que mon âme a pris la douceur d'une pluie triste et mélancolique

Vous saviez déjà ! que mes yeux ne pensent qu'à ce que mon âme veut voir ; Et que mes mains vides s'amusent à jouer à attraper le vent et à chasser les ombres qui vont se perdre quelque part dans ma mémoire.

Vous saviez déjà ! Que mon cœur plein de rêves voit la poésie de chaque instant, la brise qui remue tout, la raison du sentiment caché, le vol des feuilles quand elles tombent en automne.

Vous saviez déjà ! Que mon existence est comme un verre fragile, comme une goutte de rosée frémissante perdue dans l'éther, comme les instants que l'on veut préserver avant de s'envoler dans le ciel de l'oubli.

Vous saviez déjà ! Tout cela, et en ce jour qui est la pluie glissante du souvenir, mon âme est prise dans les pluies d'autres aurores et d'autres jours gris où quelque chose dans mon cœur se brise.

le cinquième

Par une belle nuit d'été

Mon cœur a pensé à ce sentiment...

que je suis tombé amoureux de toi

Les étoiles m'ont juste souri

Parce qu'ils savaient que j'étais heureux

Parce que je t'avais à mes côtés

Un beau rêve d'été, cette nuit

Né entre les deux, ou du moins moi

L'âme a cru, mais malheureusement... mon âme naïve s'est trompée.

A cause de l'amour que j'ai ressenti

Ce ne serait pas partagé, je l'ai su quand j'ai vu comment tu riais... et mon cœur s'est brisé en larmes.

Encore de la déception, encore de la tristesse

Tristes souvenirs d'un espoir à nouveau,

D'un amour, d'un beau rêve d'été

qui a malheureusement disparu... impitoyablement perdu.

Par une belle nuit d'été...

L'illusion que mon âme ressentait

Et cette nuit-là... ma joie est restée avec les étoiles.

le sixième

Eclairs doux et fragiles.

Son symbole se disperse parmi les nuages dans ce doux coucher de soleil.

Mon âme s'élève au milieu de la beauté de l'après-midi, dans la douce brise qui souffle sur les pierres

Les fleurs fredonnent leur chant dans l'écho de la paix.

J'aime me fondre entre les chants harmonieux des oiseaux, dans les branches des arbres qui semblent fredonner une chanson d'amour... entre ce rire qui naît de loin.

Les ombres s'éloignent... et puis je fixe les étoiles.

que voulez-vous de moi?

Quand je te regarde, quelque chose dans mon âme est agité et je souhaite être avec eux dans un vol tranquille.

Quand je ressens ces choses ! Je te vois à mes côtés, sage créateur.

Le septième

L'amour arrivait

Je jouais avec mes pensées...

Amusement, mon coeur naïf

Il marchait dans la douce brise de l'amour

Et de beaux oiseaux ont chanté au ciel

Illusions comptées, souhaits non ouverts

Recueillir de bons souvenirs de vie

L'oubli a pleuré, baisers fugitifs

Regardant vers l'avenir plein de proverbes

Un fantôme est passé à côté de moi, c'était inhabituel...

J'ai vu le public seul

Je ne voulais pas regarder, je ne pouvais pas y croire

C'était quelque chose de très beau, quelque chose de paradisiaque

A ce moment, à cet endroit

La lumière brille comme je ne l'ai jamais vu auparavant

Il a attiré mon attention, tout était inhabituel

Décorer le chemin qui passait par

Une très belle femme, un peu hantée

Parmi ceux qui sont nés, un sur mille

Je mords mon corps immédiatement

Il n'y avait pas de scintillement... dans mes yeux sombres

Je n'ai pas dit les mots ils m'ont étouffé

J'étais perdu, je ne pouvais pas y croire

Oui, c'était vrai, tu étais une princesse

En général, tu t'es imposé comme c'est beau

De mes poèmes, de mes certitudes

Surtout un aspect de mes ressorts

Tu as touché mon âme au plus profond de moi

Tu as rempli mon vide, tu as effacé ma fierté

A partir de ce moment, je veux juste te voir

Depuis je vis pour t'aimer et te donner mon monde.

Huitième

Cher ami!

Je suis fatigué de tisser des étoiles illusoires dans le ciel de mon âme Si seulement tu savais quand je suis dans le noir de ma chambre comment mes pensées ne sont que par vagues qui

M'a amené de ce côté de la plage...

Cher ami, je ne sais que tisser les ombres de mes illusions perdues, peut-être... Je n'en ai jamais eues, qui passent d'un vol doux devant mes yeux lointains.

Si vous saviez que dans la mer sans bornes, je ne suis qu'un étranger de passage tandis que les vagues me ballottent et que je cherche un horizon sans m'en rendre compte... ça ne viendra jamais. "

Neuvième

Quand je me suis réveillé, je me suis assis sur mon lit et je me suis souvenu de mon rêve avec tristesse et regret.

Une femme à aimer, une famille dont il fallait s'occuper, un grand amour que tout le monde autour de moi me donnait et j'étais heureuse parce que tout était si réel, si beau...

Un monde sans haine ni chagrin, seulement amour, illusion et noblesse.

C'est ce que je ressentais, c'est ce que je croyais, mais soudain j'ai vu que mon monde était en train d'être détruit et j'ai crié ! Je ne voulais pas me réveiller ! Parce que je ne me sentais heureux qu'ici.

Mais j'ai entendu une voix qui m'a dit d'un ton amer...

"Réveille-toi! pauvre rêveur, ce n'est pas ton monde, le tien est après ton réveil, où la réalité est triste, oh, pauvre rêveur, trouve que ce n'est pas vrai, essaie de trouver tes illusions où que tu sois Fais, que si le bonheur vient pour vous, cela continuera plus qu'ici, où rien ne va.

Réveillez-vous maintenant rêveur et trouvez la vérité là où elle peut être utilisée, là où tout peut devenir réalité.

Ah, pauvres rêveurs, vous essayez d'échapper à votre triste réalité, faites-y face maintenant ! Ne l'évite plus"

Pauvre rêve ! Pauvre spectateur ! Ces mots ont été répétés, tandis que mon rêve... a disparu.

Les feuilles frappent la vitre.

L'après-midi triste et solitaire se poursuit dans une mer de draps blancs et de silence résolu.

Quel jour est-il Lundi? Mardi? Peut-être mercredi ? Je ne sais pas! Je sais seulement que les feuilles d'automne continuent de frapper le verre

de ma fenêtre... à la douleur de mon coeur

ne pleure pas maman !! Que je serai fort et courageux ! Et je ne pleure pas !

L'œil est dans un moment fugace et fugace comme la rosée du matin, un moment fugace dans le temps, mais la douleur est permanente.

je ne pleure pas maman !! Elle est incapable de se retenir avec une mer de larmes.

La distance entre la douleur et la douleur a augmenté.

L'après-midi est solitaire... Je suis seul.

Le gris semble être les faibles rayons du soleil qui baignent doucement le jardin .

Onzième

Vous ne comprenez pas mes silences !

Et je ne savais pas comment vous expliquer correctement la raison de cette immobilité. Comment vous expliquer ? que dans le silence je ressens encore l'enfant qui a joué dans mon cœur.

Je peux encore sentir la pluie glisser et créer des bulles fragiles sur les côtés de mes pieds

La brise fraîche caresse mon visage.

Je partage encore les nuits, quand je m'assois sur le patio sinueux dans le noir, je contemple avec des yeux excités les belles étoiles qui m'hypnotisent de leur douce lumière, et parle de quelque chose que je ne comprends pas.

Comment puis-je vous expliquer?

Que je ressens encore dans mon cœur un jeune qui est tombé amoureux pour la première fois, et a partagé ses étoiles et son âme, et a ressenti de nouvelles illusions, a partagé des chemins différents, et a souffert pour la première fois.

Comment puis-je vous expliquer?

Le sentiment de tomber du ciel, enveloppé de soie, les moments difficiles, les soucis, ces amis se sont perdus dans le temps.

Je ressens encore dans mon cœur, le corps de fer et l'esprit de cristal de ce jeune qui a partagé son chemin avec d'autres soucis, d'autres amis dans ce parcours difficile.

Comment puis-je vous expliquer?

que lorsque ces souvenirs viennent à mon cœur, je ne peux qu'être silencieux et ce silence couvre mes sens, je caresse mon âme et murmure à mon cœur, avec le souffle chaud de tous les sentiments qui illuminent mon être dans ces moments lents

Comment puis-je vous expliquer?

Qu'une nouvelle illusion illumine mes jours, Un sentiment que j'ai oublié, Me fait serrer la main de l'enfant, le jeune homme que j'étais, Tandis que mon cœur me réconcilie avec l'homme que je suis aujourd'hui.

Considérant que quand le coeur parle, je ne peux que... garder le silence.

Ce silence que tu ne comprends pas et que je ne peux pas expliquer.

Douzième

De très, très beaux souvenirs, les mots que tu as dit, ton sourire est si angélique qu'il m'a ébloui, c'était si spécial que je suis tombé amoureux de toi sans savoir que le temps a d'autres chemins, le chemin que personne ne veut suivre, le chemin de la tristesse, de la douleur et de la souffrance. Une promesse non tenue, un cœur brisé, une destination que personne ne veut atteindre. Aujourd'hui, après tout ce temps, il n'y a qu'une plaie ouverte, une plaie qui ne guérira jamais, il n'y a aucun médicament ou science pour la guérir. Tu continues et tu ressens peut-être le manque de cet être qui t'aime à la folie, l'être qui est toujours là pour toi quoi qu'il arrive. Tu le sais, et quand tu liras mes mots, je suis sûr que des larmes couleront de tes yeux, parce que tu sais que je ne méritais pas qu'on me coupe le souffle, le souffle que tu m'as inspiré à enlever. Je deviens un être vivant à l'extérieur mais mort à l'intérieur. Je sais que toi aussi tu souffres et cherches peut-être refuge auprès d'autres êtres, mais personne ne te détruira et ne te donnera le même amour pur que le mien. Pas parce que je suis égoïste, tu sais que nous étions parfaits jusqu'au moment où le mal t'a envahi.

Je veux me perdre dans la mer et sombrer dans ses eaux profondes,

Parlez aux baleines et aux dauphins, écoutez leur cri et chantez.

A travers les flots ascendants libérés, je regarde les étoiles.

Je veux que ma peau soit humide avec du sel qui sent comme seule la mer peut avoir.

Jouer sur ses rives, en écoutant ses vagues ou depuis le rocher qui écoute leur rugissement.

Ferme les yeux et laisse sa douce musique m'endormir sur son sol bercé par ses vagues blanches.

Je veux me perdre dans la mer la nuit, dans le noir, et ne rien voir, mais tout ressentir, sans limite dans l'étreinte de la mer et des étoiles au-dessus de moi, portée par les raies manta dans leur danse lente.

La mer m'inspire de la grandeur, elle m'inspire de la beauté, tant de couleurs et tant de formes ! Me perdre dans tes rochers et coraux, dans tes abîmes insondables.

Je veux qu'un dauphin chante à mon oreille, avale une baleine, et trois jours plus tard me dépose sur une plage tranquille pour être transporté par des crabes ivres de soleil à l'ombre d'un palmier.

Toi qui avales le soleil à l'horizon ! Toi qui avales les clos flottants ! Prends-moi aussi dans tes entrailles et puis prie : Je veux renaître, je veux renaître de la mer !

le quatorzième

Je me suis souvenu de toi aujourd'hui

Ça fait longtemps...

J'étais triste toute la journée...

Parfois, vous ne pouvez pas voir un tunnel sombre devant vos yeux

Et le découragement envahit les replis du cœur.

Et lors de cette triste promenade, je me suis souvenu de mon père

Père, combien de fois as-tu senti ce poids sur tes épaules ?

Le poids des jours tristes, des rêves qui ne se réalisent pas... que presque rien ne correspond aux désirs et aux illusions.

Combien de fois avez-vous été incapable de dormir à cause de pensées agitées ? Combien de fois la peur de l'avenir a-t-elle pesé sur votre cœur ?

Aujourd'hui je sens ce poids sur mes épaules, sans doute tu l'as ressenti dans ta marche et aujourd'hui cher père ! je me suis souvenu de toi !

Demain sera un autre jour, peut-être un jour de plus j'oublierai le poids qui pèse sur nos épaules dans la vie et sourire et soucis voleront au-dessus d'autres cieux, mais à ce stade de la vie je ne peux pas vous et ça oublie... Nous partageons le même poids sur tes épaules, que tu as ressenti hier, que je ressens aujourd'hui.

Et je te comprends aujourd'hui Père, ce que je ne pouvais pas te comprendre ces derniers jours, car je marche sur le même chemin que tu as déjà parcouru et aujourd'hui c'est à mon tour de passer.

Quinzième

Mes yeux se perdent dans le lointain de ces chemins qui traversent les eaux calmes de mon cœur.

Les souvenirs m'inondent.

pourquoi me tourmentes-tu

Pourquoi remuez-vous les cieux de paix dans mon âme?

Les branches des arbres se balancent doucement dans l'après-midi décroissante et la douce brise les caresse.

Mes yeux se posent sur mon fils assis sur la terrasse, et le chant des oiseaux qui harmonise l'après-midi et laisse une traînée de mélancolie tranquille n'a pas d'importance.

Mon être enregistre ce moment de douce paix pour le garder dans la mémoire des instants magiques, comme un baume pour conjurer cette douleur qui lui vient sans attendre, sans y être invité.

Dans l'après-midi, il disparaît silencieusement. Un autre combat s'est développé avec moi et j'ai gagné une fois de plus, vais-je le refaire ?

Continuez le chant des oiseaux dans le calme de l'après-midi...

Et quand les ombres s'estompent de mon intérieur, je souris à nouveau.

Et mes yeux se tournent pour contempler la paix du déclin du jour.

Pendant que mon fils... joue constamment dans la cour !

Pendant des siècles et des millénaires, je t'ai cherché sans cesse.

Vivre d'innombrables vies avec un objectif sans fin.

Dans ma longue route, j'ai perdu mon chemin encore et encore jusqu'à ce que j'échoue.

Mon esprit, mon corps, manque de force pour continuer.

Mon cœur est tellement brisé qu'il ne semble plus pouvoir fonctionner.

Mon âme, errante sans but, espère encore réaliser son caprice unique.

Te revoir, te toucher et te serrer dans mes bras, ne jamais te lâcher, prononcer les mots je t'aime et je t'aimerai pour toujours.

dix-septième

oh solitude

Toi et l'amour êtes de grands ennemis

Mais... tu es un peu fidèle

Pas comme l'amour, qui est trompeur et triste à la fois

Tu étais seul dans mes pires jours

Tu entends mon cri comme si c'était une mélodie

Tu es plus qu'une simple ombre

O solitude, la reine du silence

Reine de tous les temps triste

La reine de tous ceux qui ont peur

Mourir dans le chagrin, la douleur et la souffrance

Oh, triste solitude, désolé

Je veux être seulement avec lui et personne d'autre

C'est réconfortant d'après ce que je peux penser de toi

Invisible comme le vent

Mais il est présent à chaque instant

Fantaisie comme une histoire

Mais le vrai c'est de provoquer ta souffrance

Ô solitude, je ne sais pas vivre sans toi

Parce que toute ma vie je n'ai pensé qu'à la souffrance

Mais je n'ai jamais été seul... je vois tout en noir

Et dans ce silence, seuls tes chuchotements me calment .

cette minute, ce moment,

Quand la douleur est intense

Respirer pour vivre est douloureux

Ce moment douloureux

Où tout cache son sens,

Cependant, le corps est toujours vivant, fort

Tout en pensant, comprenant, âme

Défunt,

La douleur est si aiguë que je pense que peu de gens y ont survécu.

Et ici je me souviens de ce moment de lâcher prise,

Quand mon âme a voulu sortir et s'envoler vers sa destination,

Depuis sur terre, tu vis avec des cadavres,

Et mon âme aspire à la demeure divine.

J'étais comme un ange volant paisiblement dans le ciel, chaque jour la brise frappait mon visage si doucement que je me sentais calme.

Le vent ébouriffait mes cheveux dorés, les plumes se déployant lentement jusqu'à ce que mes cheveux deviennent une crinière épaisse et sauvage.

Le parfum que les roses me donnaient, je soupirais si passionnément, les nuages étaient si doux et soyeux que je ne voulais pas m'en séparer.

Ce que mon petit œil d'émeraude était sur le point de voir était quelque chose d'incroyablement inapproprié.

Au loin je distinguais un autre ange, ses cheveux étaient soyeux, ses yeux étaient bleus comme le bleu cristal qui coule des rivières, tous les oiseaux chantaient ensemble une belle mélodie.

Je n'ai jamais vu un aussi beau coucher de soleil le jour où tu es apparu, le soleil est encore plus jaune et plus gros, je peux sentir l'air frais sur mes ailes, j'ai pensé que quand tout tourne autour de toi, tu es quelqu'un Tu seras vraiment spécial, un grand cœur, une âme douce et humble, un ange gardien pour tous ceux qui n'ont pas d'ailes. De ceux qui avaient de mauvais sentiments, de mauvaises pensées, visualisaient le monde d'une mauvaise manière.

En réalité, tu ne portais qu'une seule robe, séduisant tous ceux qui passaient avec ces ailes blanches qui représentaient la dignité et la pureté.

C'était quelque chose qui ne t'appartenait clairement pas, quand tu t'es rapproché de moi, j'ai pu voir dans tes yeux que tu n'avais pas le cœur pur, que plus tu souris, plus le monde s'assombrit, et c'est comme ça que quand je laissez-vous vous approcher si près de moi, une douleur profonde coulait autour de mon dos et de ma poitrine. Tu m'avais coupé les ailes si cruellement, mes larmes coulèrent lentement et je tombai du ciel.

Je dis au revoir et peut-être que je t'aime encore.

Peut-être que je ne t'oublierai pas, mais je dis au revoir.

Je ne sais pas si tu m'aimais... Je ne sais pas si je t'aimais...

Ou peut-être qu'on s'aime trop.

Cet ami est triste, passionné et fou

Je l'ai planté dans mon âme pour t'aimer.

Je ne sais pas si je t'aimais tant... Je ne sais pas si je t'aimais moins;

Mais je sais que je ne t'aimerai plus jamais comme ça

Ton sourire est gravé dans ma mémoire,

Et mon cœur me dit que je ne t'oublierai pas.

Mais, quand je suis seul, je sais que tu me manques,

Peut-être que je t'aime comme je ne t'ai jamais aimé

Je vous dis adieu, et peut-être avec cet adieu,

Mon plus beau souhait se meurt en moi...

Mais je dis au revoir pour toute une vie,

Même si je pense à toi toute ma vie.

vingt et un

Vous marchez dans ces mondes comme moi. ne me dites pas

que tu n'existes pas, tu existes, nous devons nous rencontrer

On ne se rencontre pas, on est déguisé et maladroit

Nous commencerons à marcher le long des routes.

Nous ne nous connaîtrons pas de loin

Vous sentirez mes soupirs et j'entendrai les vôtres.

Où est la bouche, la bouche qui soupire ?

On va dire, la route revient encore.

Peut-être qu'un jour nous nous retrouverons face à face

On peut peut-être se déguiser.

Et maintenant je me demande... quand ça arrive, si ça arrive,

Est-ce que je sais soupirer, est-ce que tu sais soupirer ?

mon coeur lourd

Sentez-le jusqu'à l'aube

la douleur de ton amour

Et le rêve lointain.

Il porte la lumière de l'aube

Point chaud de la nostalgie

Et la tristesse sans yeux

Du plus profond de l'âme.

La grande tombe de la nuit

Son voile noir est levé

Se cacher avec le jour.

Que vais-je faire de ces champs ?

Cueillir des enfants et des branches

Entouré par les aurores boréales

Et la maîtresse remplit la nuit !

Que ferai-je si j'ai tes yeux ?

La lumière allumée est morte

Et ne devrait pas sentir ma chair

La chaleur de votre regard !

Pourquoi t'ai-je perdu pour toujours ?

Par cet après-midi lumineux ?

Ma poitrine est sèche aujourd'hui

Comme une étoile terne.

Reference

- Ici le ciel est gris de Naiem Ahmadinejadfarsangi

- Silence solitaire de Naiem Ahmadinejadfarsangi

- Pourquoi ai-je gardé le silence ce jour-là à propos de Naiem Ahmadinejadfarsangi

- Versets tristes de Naiem Ahmadinejadfarsangi

Printed by Books on Demand GmbH, Norderstedt / Germany